Cadena alimenticia

Grace Hansen

Abdo
LA CIENCIA BÁSICA:
LA ECOLOGÍA
Kids

Abdo Kids Jumbo es una subdivisión de Abdo Kids
abdobooks.com

abdobooks.com

Published by Abdo Kids, a division of ABDO, P.O. Box 398166, Minneapolis, Minnesota 55439.
Copyright © 2021 by Abdo Consulting Group, Inc. International copyrights reserved in all countries.
No part of this book may be reproduced in any form without written permission from the publisher.
Abdo Kids Jumbo™ is a trademark and logo of Abdo Kids.

Printed in the United States of America, North Mankato, Minnesota.

102020

012021

THIS BOOK CONTAINS
RECYCLED MATERIALS

Spanish Translator: Maria Puchol

Photo Credits: iStock, Shutterstock

Production Contributors: Teddy Borth, Jennie Forsberg, Grace Hansen
Design Contributors: Dorothy Toth, Pakou Moua

Library of Congress Control Number: 2020930695

Publisher's Cataloging-in-Publication Data

Names: Hansen, Grace, author.

Title: Cadena alimenticia/ by Grace Hansen;

Other title: Food Chains. Spanish

Description: Minneapolis, Minnesota: Abdo Kids, 2021. | Series: La ciencia básica: la ecología | Includes
    online resources and index.

Identifiers: ISBN 9781098204334 (lib.bdg.) | ISBN 9781098205317 (ebook)

Subjects: LCSH: Food chains (Ecology)--Juvenile literature. | Nutrient cycles--Juvenile literature. | Food
    webs (Ecology)--Juvenile literature. | Ecology--Juvenile literature. | Spanish language materials--
    Juvenile literature.

Classification: DDC 577.16--dc23

33614082207332

Contenido

¿Qué es la cadena alimenticia?

La cadena alimenticia muestra cómo fluye la energía a través de un **ecosistema**.

Toda la energía en una cadena alimenticia comienza por el Sol. Las plantas obtienen energía de la luz del Sol.

6

7

Las plantas convierten la luz solar en energía química. A este proceso se le llama fotosíntesis.

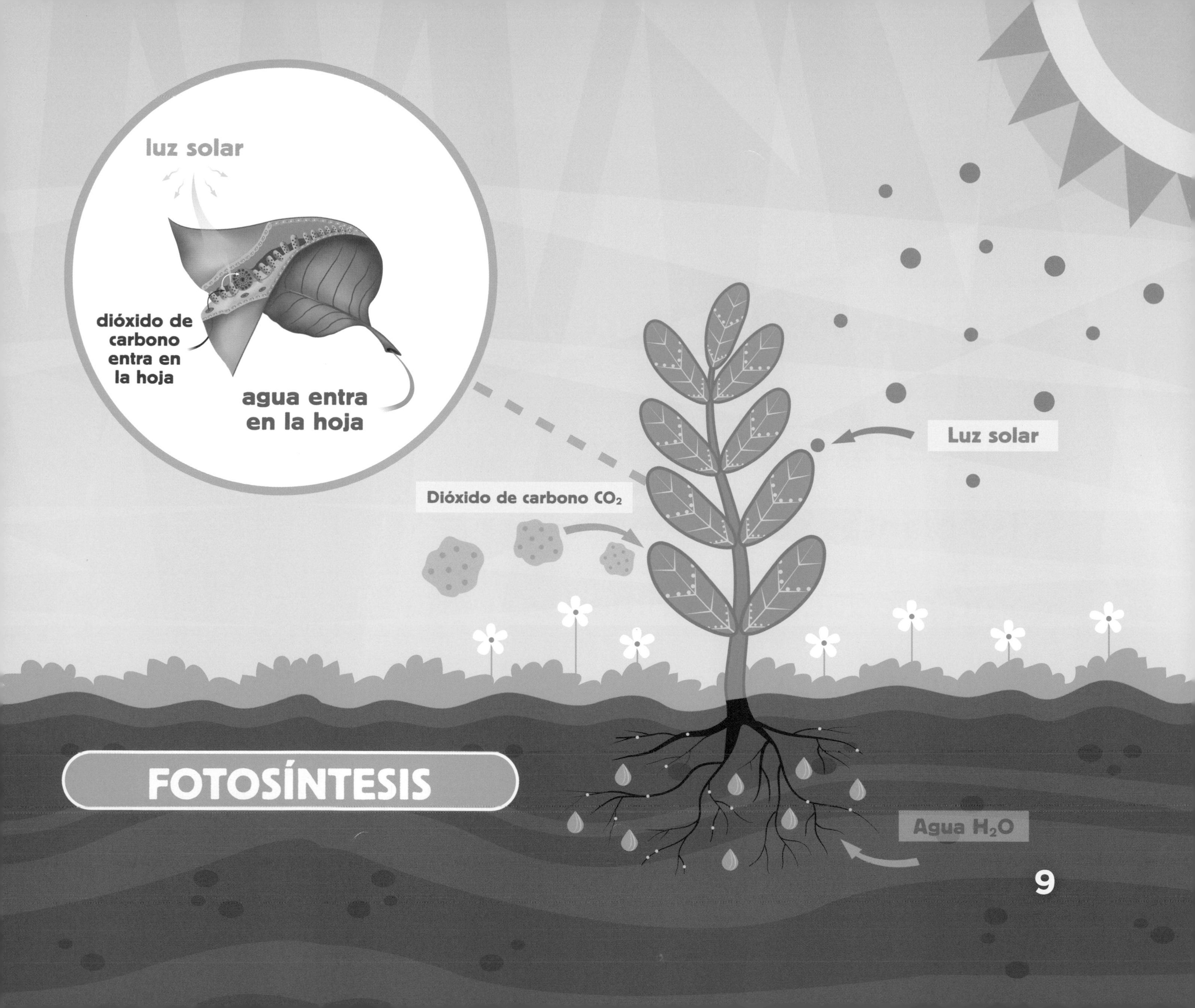

luz solar

dióxido de carbono entra en la hoja

agua entra en la hoja

Luz solar

Dióxido de carbono CO$_2$

FOTOSÍNTESIS

Agua H$_2$O

Organismos productores

En la cadena alimenticia,

a las plantas se las conoce

como productores primarios.

Producen su propio alimento.

Organismos consumidores

Los organismos consumidores no pueden producir su propia comida. Al contrario que las plantas, tienen que alimentarse de otras cosas para obtener energía.

13

Los animales que sólo comen plantas se llaman herbívoros. En la cadena alimenticia, se les conoce como consumidores primarios. Las jirafas y las ovejas solamente comen plantas.

14

Los consumidores secundarios son los omnívoros y los carnívoros. Los omnívoros comen tanto plantas como carne. Los osos comen frutas del bosque y peces.

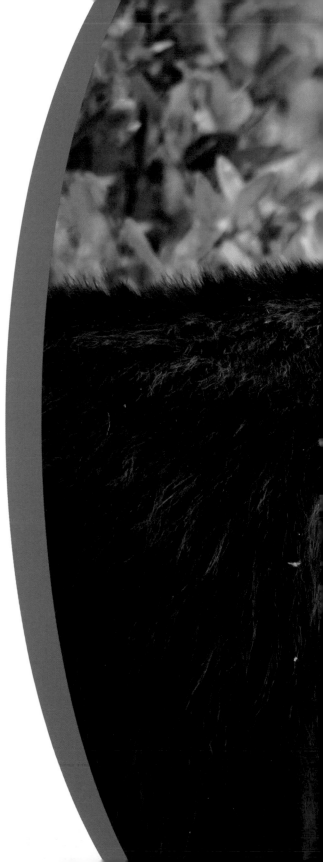

Los carnívoros comen solamente carne. Ciertos animales como los tiburones blancos y los leones son carnívoros.

19

Los organismos **descomponedores** y los **detritívoros** son una clase especial de consumidores. Descomponen los residuos. Esto devuelve nutrientes a la tierra y ayudan a que crezcan las plantas. ¡Así el ciclo comienza de nuevo!

¡A repasar!

- Una cadena alimenticia muestra cómo fluye la energía a través de un ecosistema.

- Las plantas producen su alimento propio usando luz solar.

- Los herbívoros comen plantas. La energía de las plantas es transferida a estos animales.

- La energía se transfiere de nuevo cuando otro animal se come a este herbívoro.

- Para obtener energía los carroñeros y los detritívoros comen animales y plantas muertos o excrementos de otros animales. Los descomponedores ayudan a descomponer los desechos restantes.

22

Glosario

descomponedor - organismo que descompone la materia orgánica muerta, por ejemplo bacterias u hongos, a veces después de que un carroñero haya terminado con ella.

detritívoro - tipo de organismo descomponedor que come materia orgánica muerta y la digiere internamente para obtener nutrientes.

ecosistema - comunidad de seres vivos en conjunto con su entorno.

Índice

Abdo Kids
ONLINE
FREE! ONLINE MULTIMEDIA RESOURCES

¡Visita nuestra página abdokids.com para tener acceso a juegos, manualidades, videos y mucho más!

Los recursos de internet están en inglés.

Usa este código Abdo Kids

BFK8947

¡o escanea este código QR!